# Zu den heikelsten Aufgaben im Leben . . .

gehört nachweislich, einen Nagel in die Wand zu bekommen, ohne daß man ihn krummschlägt oder den Daumen trifft. Mit dem auf dem Umschlag dieses Buches abgebildeten Scherenhammer sind solche Probleme ein für allemal vom Tisch!

# Herzlichen Glückwunsch!

Zu Ihrer klugen Entscheidung,
dieses ungemein wertvolle Werk
zu erwerben, können wir Ihnen
nur uneingeschränkt gratulieren.
Und wer so einen guten Kauf macht, hat auch das Recht, sich darauf umgehend eine Flasche Schampus reinzuziehen.
Wenn Sie aber nun gleich den Korken knallen lassen . . . denken Sie daran, daß er nicht selten vor lauter Begeisterung ins Auge geht. Und das wäre jetzt doch schade, wo Sie ja noch gar nicht richtig mit dem Lesen angefangen haben.
Benutzen Sie darum sicherheitshalber
ein TÜV-geprüftes Sektkorkenauffanggitter. Danke!

# LEICHT BEHÄMMERT

Uli Stein

Erfindungen,
die uns gerade noch gefehlt haben!

Lappan

Uli Stein, 1946 in Hannover geboren, gehört
zu den erfolgreichsten und bekanntesten deutschen Cartoonisten.
Woche für Woche erscheinen seine Zeichnungen
in den größten Illustrierten und begeistern Millionen von Lesern.
Bevor er mit dem Zeichnen begann, stürzte er sich,
nach einigen Semestern Pädagogik, als Fotograf und Journalist
ins freischaffende Berufsleben.
Acht Jahre lang schrieb er Satire, Nonsens und Schwarzen Humor
für den Saarländischen Rundfunk.
Heute sind seine Markenzeichen unverwechselbar:
Figuren mit Knubbelnasen und Spiegeleieraugen,
verschmitzte Katzen, pfiffige Mäuse, Hunde und anderes Getier
... auf Hunderten von Karten, Geschenkartikeln und Produkten,
vom 'Steinschen' Sparschwein bis zur Plüschmaus,
sind sie inzwischen zu finden.
Daß Uli Stein daneben ein begnadeter Erfinder ist,
wußten bisher nur wenige.
Um ihm das Schicksal der meisten Erfinder zu ersparen,
deren wahre Bedeutung und Größe erst nach ihrem Tode
erkannt wurde, entschloß sich der Lappan Verlag,
ausnahmsweise schon zu Lebzeiten des Autors
dieses Werk herauszugeben.

58. - 63. Tausend
10. Auflage März 1994


Postfach 3407 · 26024 Oldenburg
Gesamtherstellung:
Druckhaus Neue Stalling · Oldenburg
Printed in Germany
ISBN 3-89082-309-2

# Inhalt

# Für den Kaffeetisch

Am Kaffeetisch kommt es auf die richtige Stimmung an – eine schöne Leinentischdecke, hübsches altes Geschirr und entsprechendes Gerät . . . wie diese beheizbare Kaffeemaschine, mit der Sie nicht nur einen Batzen Strom sparen, sondern vor allem rechte Gemütlichkeit und unnachahmliche, heimelige Atmosphäre in die sonntägliche Kaffeerunde tragen.

# Einkaufshilfe

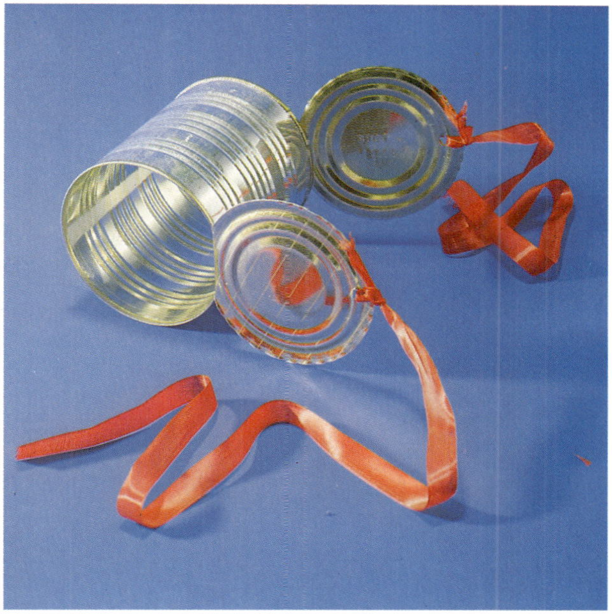

Ärgerlich: Man kommt vom Einkaufen, sieht plötzlich am Kiosk seine Lieblingsillustrierte, und selbst unter dem Arm ist nicht mehr das allerkleinste Plätzchen zum Drunterklemmen. Erfahrene Hausfrauen führen für solche Fälle stets eine präparierte Konservendose mit sich, und gerät der Einkauf einmal umfangreicher als gewöhnlich, ist immer noch Platz für ihr Lieblingsblatt.

# Der Hauttest

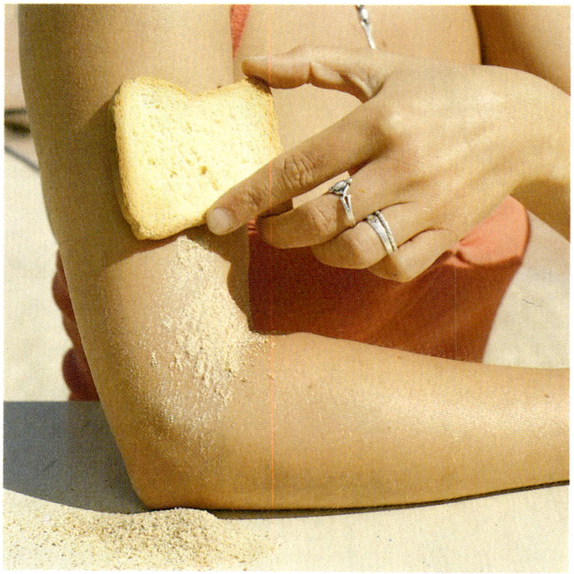

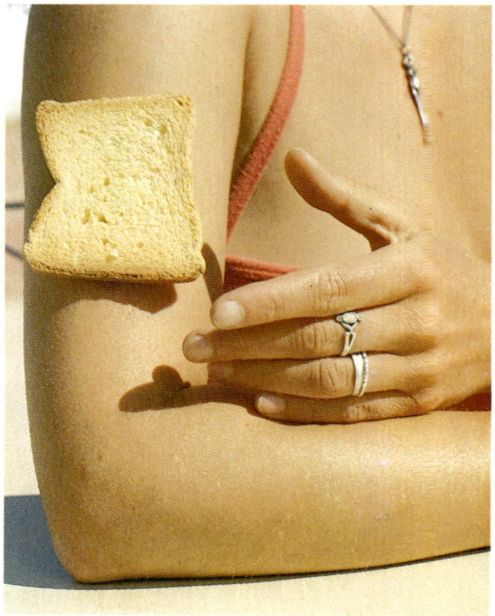

Bei der Wahl des richtigen Hautpflegemittels spielt die Frage nach dem Hauttyp eine unheimlich starke Rolle. Die Frau von Welt macht in diesem Fall den berüchtigten Zwiebacktest: Einfach mit dem Zwieback über den Oberarm reiben . . . bröselt der dabei und bildet ein Häufchen Paniermehl, haben Sie eine rauhe, spröde Haut. Bleibt er indessen kleben, deutet das eher auf fettige Haut. Tut er nichts von alledem, fällt das unter „normale Haut“.

# Kleintier-Ventilator

Besitzer von Goldhamstern, weißen Mäusen etc. sind mit einem Ventilator-Laufrad gut beraten . . . zum einen haben sie an warmen Tagen eine frische Brise um die Ohren, zum anderen sparen sie an Stromkosten, und drittens hat der vierbeinige Hausgenosse endlich mal eine richtige Aufgabe und fühlt sich als nützliches Mitglied der Familiengemeinschaft.

# Für Camping-Fans

Camping-Fans, die sich rechtzeitig vor dem Beginn der Saison einstimmen möchten, bringen mit diesem Set reizvolle Zeltplatzromantik und Urlaubsfreude in jedes Schlafzimmer.
Zwei undichte Luftmatratzen, ein Behälter mit Ameisen und anderem Getier, eine Schallplatte mit Original-Zeltplatzgeräuschen (Kofferradiogeplärre, Gezeter aus den Nachbarzelten, Platzwartdurchsagen, Waschraumgeplätscher etc.)
und eine Spraydose
(Duftmischung: Gummi, Leinen, Sonnenöl, Propangas, Grillkohle).

# Anfänger-Stäbchen

Chinesisch Essen ohne Eßstäbchen? Ein unverzeihlicher Stilbruch!!! Wer sich mit diesem Teufelsbesteck erst mal vertraut machen möchte, dem sei dieses Gerät ans Herz gelegt:
Fortgeschrittene benutzen es wie herkömmliche Eßstäbchen – Anfänger verwenden es erst mal andersherum, um sich so an das Gefummel zu gewöhnen und trotzdem nicht zu verhungern.

# TV-Theater-Set

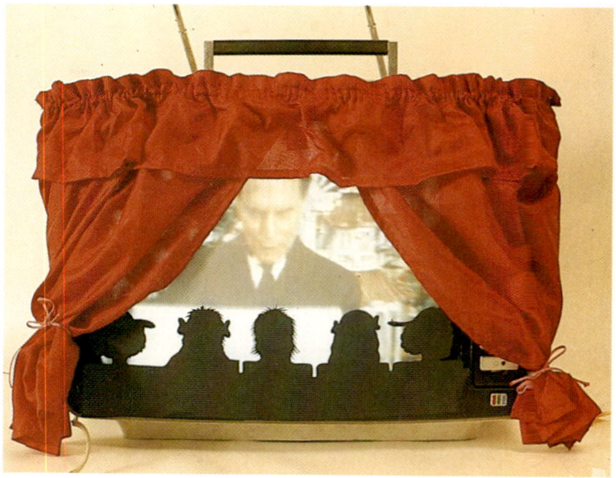

Die festlichen Theateraufführungen gehören wohl immer wieder zu den Höhepunkten heimischer Fernsehabende. Die richtige Theateratmosphäre schaffen Sie mit Dr. Niemanns Logen-Set, das Sie vor der Mattscheibe befestigen. Wenn Sie dazu noch einen unbequemen Anzug tragen und die Beine leicht anziehen, ist die Theaterstimmung vollkommen.

## Achter Tip

# Teigausrollen kein Problem mehr

Das Nervige am Backen war immer der krumme Rücken beim Teigausrollen. Erfahrene Hausmänner benutzen Dr. Pries EASY ROLLER. Eine eingebaute Seilzugbremse verhindert, daß man vor Begeisterung über die Tischkante kurvt oder gegen die Teigschüssel semmelt.

## Neunter Tip

# Ganz wie bei Muttern . . .

Ehefrauen kennen das . . . sie können sich die größte Mühe geben und trotzdem ist der Alte immer am Nörgeln: „Irgendwie hat das bei meiner Mutter immer ganz anders geschmeckt . . . irgendwas fehlt!" Haben Sie mal darüber nachgedacht, daß die vielleicht gar nicht kochen konnte? Dann fragen Sie doch mal bei Ihrem Einzelhändler nach den neuen Knurr-Tütensuppen „Ganz wie bei Muttern" . . .

# Das Wetter morgen . . .

Einer der wesentlichsten Faktoren für das Gelingen eines Picknicks ist das Wetter. Wenig Verlaß ist dabei auf die Wetterkarte. Zuverlässiger beispielsweise sind da Hinweise der Natur, die Schwalben zum Beispiel. Fliegen sie hoch, bleibt das Wetter schön. Flattern sie einem zwischen den Füßen herum, wird das Wetter unbeständig . . . haben sie aber schon am Vorabend ihre Taucherausrüstung angelegt, wird es am nächsten Tag mit Sicherheit wie aus Kübeln gießen.

# Vom feinen Benimm

Feines Benehmen fängt bei der Suppe an. Unfein zum Beispiel ist es, das Dicke rauszufischen und das Dünne zurückgehen zu lassen. Richtig ist es so: Mit dem Löffel angeln Sie nach der Abflußkette und plazieren den Stöpsel neben Ihrem Teller (auf keinen Fall die Finger verwenden!). Jetzt kann die Brühe ungehindert ablaufen, und Sie können sich den solideren Bestandteilen der Suppe widmen, ohne unangenehm aufzufallen.

# Für lässige Autofahrer: schick und praktisch

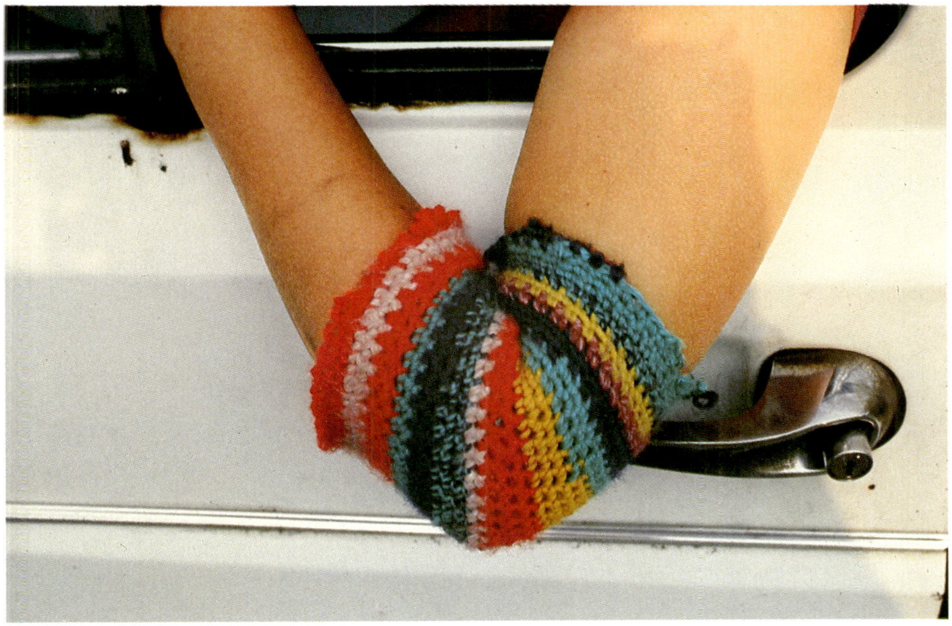

Für Autofahrer kommt, wenn der Frühling Einzug hält, wieder die schöne Zeit, wo man den Arm so elegant aus dem offenen Seitenfenster stecken kann. Immer wieder aber unterschätzt man in den ersten Frühlingstagen den doch noch frischen Fahrtwind. Ellenbogen-Rheuma oder Musikantenknochen-Katarrh sind nicht selten die Folge. Gesundheitsbewußte Frischluft-Fans tragen in diesen Wochen stets einen modischen Ellenbogenwärmer.

**Dreizehnter Tip**

# Foto-Neuheit

Gute Buntfotos (nehmen wir als Beispiel dieses Buch) werden nun einmal erst so richtig schön, wenn man die richtigen Filter benutzt. Meist aber liegen die zuhause in der Schublade, wenn man sie mal unterwegs braucht.
Gewiefte Knipser tragen deshalb häufig Dr. Zimmermanns Spezialbinder mit eingearbeiteten Filtern für alle Lichtverhältnisse.

## Vierzehnter Tip

# Richtig rührend

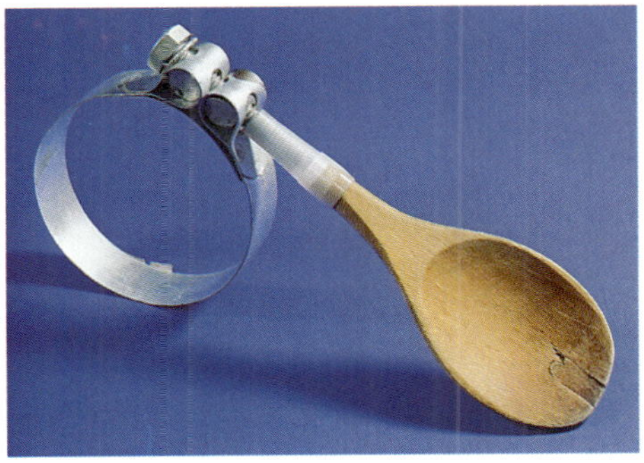

Ganz schnell muß es manchmal in der Küche gehen. Man kann nicht genug Hände haben . . . Während in der Pfanne das Rührei verschmurgelt, setzt im Nachbartopf schon die leckere Mehlschwitze an. Die kluge Hausfrau hat für solche Momente Dr. Köhnes Rührfix parat: Einfach über den Arm schnallen, und schon rührt man in zwei Töpfen gleichzeitig.

# Für den dicken Hund

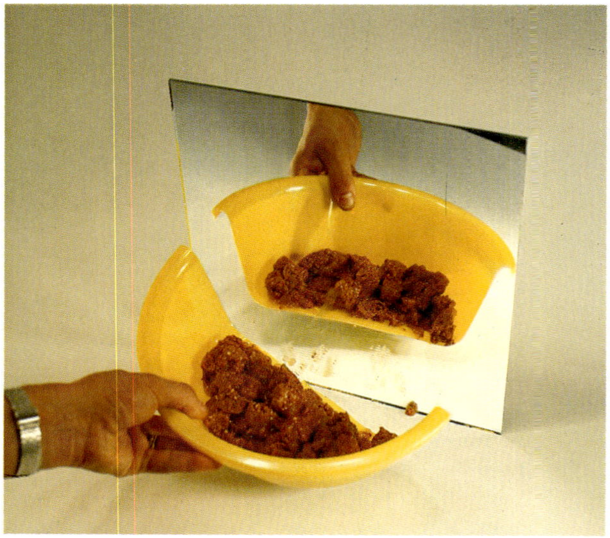

Hundebesitzer stehen immer wieder vor dem gleichen Problem: Das Hündchen wird von Tag zu Tag fetter – kürzt man aber die Futterration, steht es mit traurigen Augen und vorwurfsvollem Blick vor dem halbleeren Napf. Die elegante Lösung: Ein Spiegelnapf. Für den Hund sieht's ordentlich gefüllt aus – in Wirklichkeit aber frißt er nur die Hälfte!!!

# Der Sicherheitsspaten

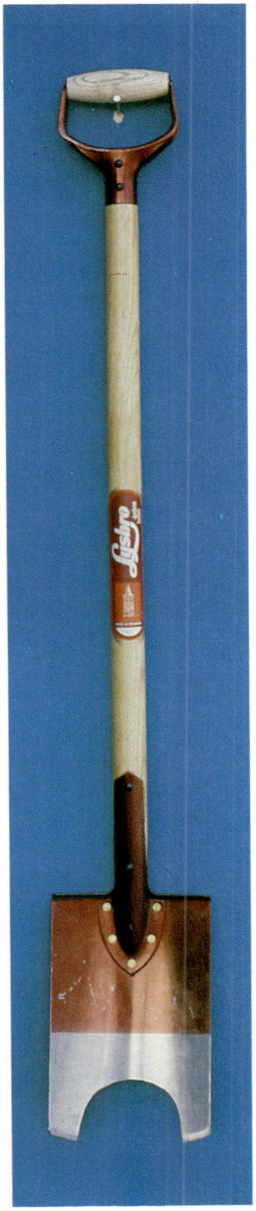

Haben Sie das nicht auch schon erlebt: man ist gerade schön im Garten am Umgraben und plötzlich – vielleicht eine Schießerei im Nebenhaus oder eine dumpfe Explosion in der Küche, wo die treusorgende Ehefrau ein Omelett bereitet . . . Für einen Moment ist man abgelenkt, und schon hat man sich den Spaten in die Zehen gestochen, und die neuen Socken sind auch ruiniert. Wer auf Nummer Sicher gehen will, benutzt bei der Gartenarbeit einen TÜV-geprüften Sicherheitsspaten.

# Für die Figur

Irgendwann ist jeder dran,
den Gürtel enger zu schnallen.
Glaubt man den Beteuerungen unserer Politiker,
ist jetzt der ideale Zeitpunkt. Wenn man sich aber schon
zum Abspecken entschließt, will man auch die Erfolge
seiner Bemühungen sehen. Mit Dr. Streubels-Maßhaltegürtel
sind Sie immer millimetergenau im Bilde.

# Rundum gelungen

Immer wieder muß man bekümmert feststellen, daß die schönen alten Osterbräuche in Vergessenheit geraten – das Eierbemalen zum Beispiel. Wobei die Ausrede, man habe so kurz vor Ostern weißgott genug um die Ohren und für sowas keine Zeit, ja nun gar nicht zieht. Denn man könnte ja einen Eierpinsel benutzen, der das mit einem Pinselstrich erledigt. Oder wie?

# Licht an!

Jetzt aber raus mit den Rollschuhen! schallt es ab März durch alle Keller, und dagegen ist ja auch nichts zu sagen. Aber die Tage sind doch kürzer als man denkt, und wird's dann doch mal später, muß man im Dustern nach Hause eiern, und eh man sich's versieht, ist man gegen einen Hydranten gerasselt oder einen Laternenpfahl geballert! Die kluge Rollschuhläuferin fährt in diesen Tagen darum nie ohne ihre Roll-Scheinwerfer.

# Schwammtasse

Jedesmal das Gleiche . . .
eine hastige Bewegung, und schon ist die Tasse umgestoßen und der Kaffee auf der neuen Tischdecke oder über den Schreibtisch geschwappt. Mit einer auslaufsicheren Schwammtasse ist das Problem ein für allemal vom Tisch.

## Einundzwanzigster Tip

# Oh du fröhliche . . .
# Oh du hektische . . .

Kaum etwas ist peinlicher, als wenn Sie beim Absingen der Weihnachtslieder im trauten Familienkreis schon bei der zweiten Strophe ins Haspeln kommen.
Woher aber soll man in den eh schon hektischen Vorweihnachtstagen noch die Zeit hernehmen, die Liedertexte zu lernen? Weihnachtsprofis kleben sich die Texte aufs Nudelholz und lernen sie auswendig, während sie den Plätzchenteig für die Weihnachtskekse ausrollen.

## Zweiundzwanzigster Tip

# Guten Appetit!

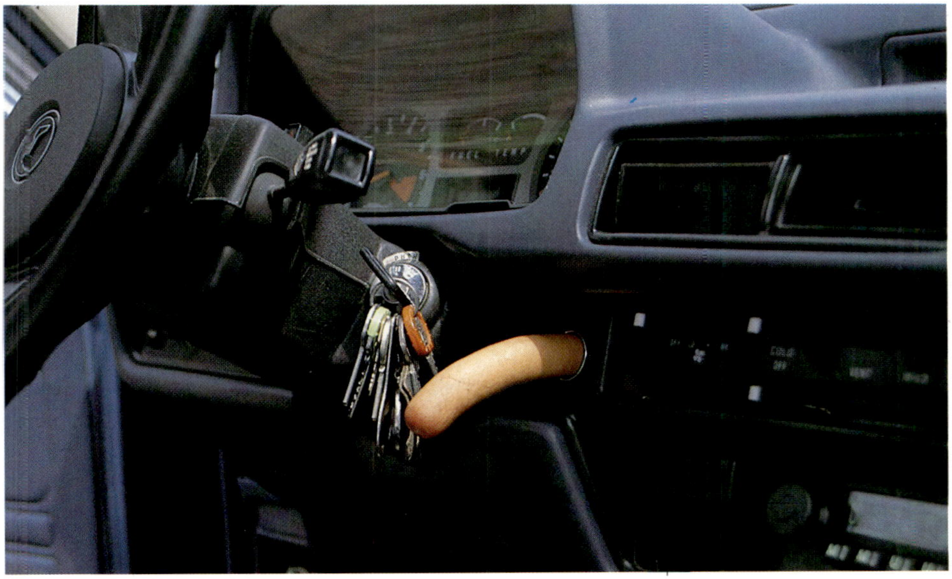

Kraftfahrer, die viel unterwegs sind, kennen den Wert einer kleinen, warmen Zwischenmahlzeit.
Wer dann nicht eines der teuren und meist überfüllten Rasthäuser ansteuern will, ist fein raus, wenn er eine Dose Dr. Schwalms Autowürstchen im Handschuhfach hat:
Jede Bockwurst ist mit einem Stecker versehen, den man nur in den Zigarettenanzünder zu stopfen braucht, und in drei Minuten hat man eine schöne heiße Wurst zur Hand.

# Prost Neujahr!

Liegt Weihnachten erst einmal glücklich hinter ihm, macht sich der gewiefte Heimwerker daran, sich seine Konfettibombe zu basteln. Man benötigt einen Wecker, zwei Stecknadeln, zwei Luftballons, Klebeband und Konfetti. Entfernen Sie die Glocken des Weckers und befestigen Sie an den beiden Klöppeln je eine Stecknadel. Links und rechts am Wecker werden die beiden Luftballons festgemacht, die vorher mit Konfetti gefüllt und aufgeblasen wurden. Wecker aufziehen und aufs kalte Büfett stellen . . .

# Für die Bodenpflege

Lachen Sie nicht . . .
das Badezimmer ist nun einmal die Visitenkarte
Ihres Hauses. („Visiten das bei Ihnen aus?")
Zu einem gepflegten Badezimmer aber gehören nun mal blitzblanke Ecken. Hausfrauen, die ihre Fußböden gern bis in den letzten Winkel sauberhalten, verwenden einen Winkelschrubber, mit dem sie mühelos in jede Ecke kommen.

# Für gescheitelte Existenzen

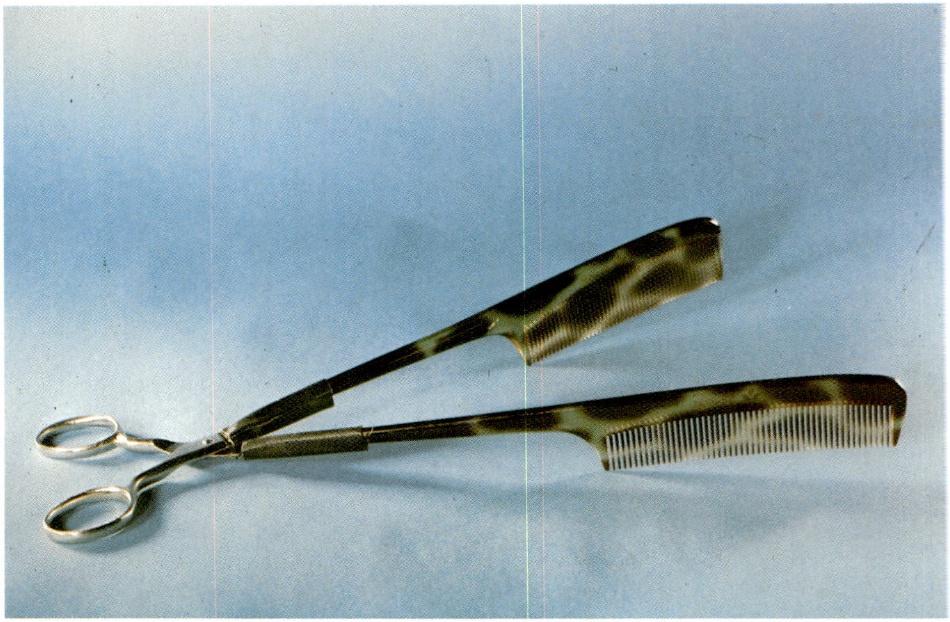

Mal ehrlich . . .
Zeit ist Geld und Geld ist knapp,
aber ein sorgfältig gezogener Scheitel
ist auch was wert. Mit einer Scheitelschere gelingt das auch
an den ganz eiligen Tagen blitzschnell und mühelos:
Ansetzen, Scheitelschere auseinander, und auf der Stelle
ist man wieder untadelig frisiert und macht einen guten Eindruck.

## Sechsundzwanzigster Tip

# Hektisch! Hektisch!

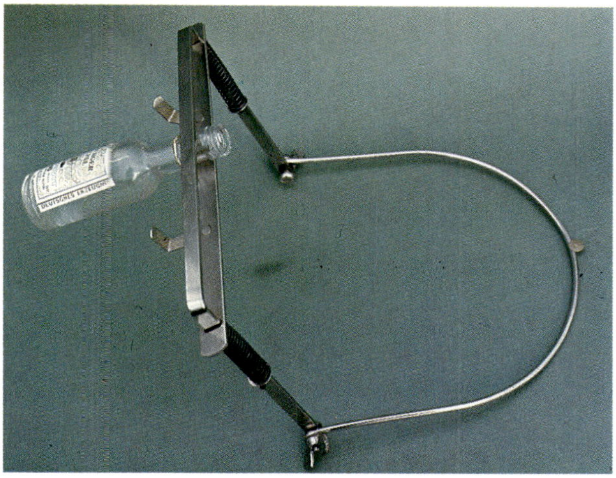

Mit der 35-Stundenwoche ist das Leben nicht einfacher geworden: Kaum ist man am Arbeitsplatz eingetroffen, muß man schon wieder nach Hause. An ein schönes Nickerchen ist überhaupt nicht mehr zu denken, nicht mal in Ruhe frühstücken kann man in der kurzen Zeit. Der gestreßte Arbeitnehmer behilft sich in diesen schweren Zeiten mit einem Imbißhalter, mit dem man sich mal zwischendurch ein schönes Wurstbrot reinschieben kann, ohne daß die Tätigkeit unterbrochen werden muß. (Hält auch Flaschen bis 0,2 Liter.)

# Der Notblinker

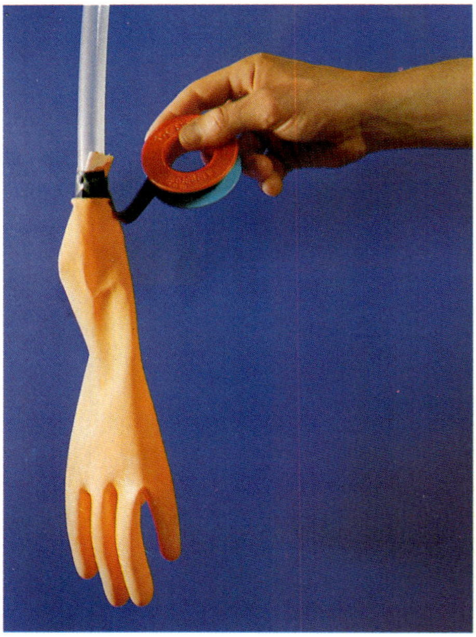

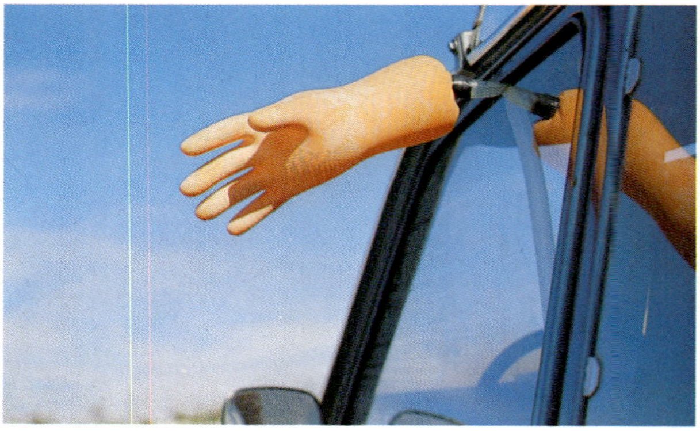

Nichts ist ärgerlicher, als wenn der Blinker unterwegs seinen Geist aufgibt. Der umsichtige Autofahrer hat für solche Notfälle einen Notblinker im Kofferraum: An zwei Plastikschläuchen werden mit Isolierband Haushaltsgummihandschuhe befestigt. Im Falle eines Falles klemmen Sie das Schlauchende so in die Seitenscheibe, daß der Handschuh herausbaumelt. Wenn Sie jetzt abbiegen wollen, brauchen Sie nur noch in das betreffende Schlauchende zu pusten und schon weiß jeder Bescheid.

## Achtundzwanzigster Tip

# Vom Bäcker: Prallkuchen

Nicht immer hinterläßt der Nebenmann seine Visitenkarte, wenn er einem auf dem Parkplatz beim Aussteigen eine Delle in die Wagentür gehauen hat. Wer auf Nummer sicher gehen will, schützt sein Auto mit selbsthaftenden Prallkuchen. (Im Viererpack mit 12 Monaten Garantie auf alle klebrigen Teile.)

## Neunundzwanzigster Tip

# Unter die Lupe genommen

Neuerdings ist ein unseliger Trend in Restaurants zu beobachten: Die Preise werden immer satter, die Portionen immer kleiner . . . manchmal ist das Fleisch kaum noch aufzufinden.
Der erfahrene Gast führt daher stets eine Lupengabel mit sich.
Damit läßt sich auch das kleinste Filet noch diskret aufspüren, ohne daß man erst lange den Ober um Mithilfe bei der Suche bemühen müßte.

# Für die letzten Fußball-Fans

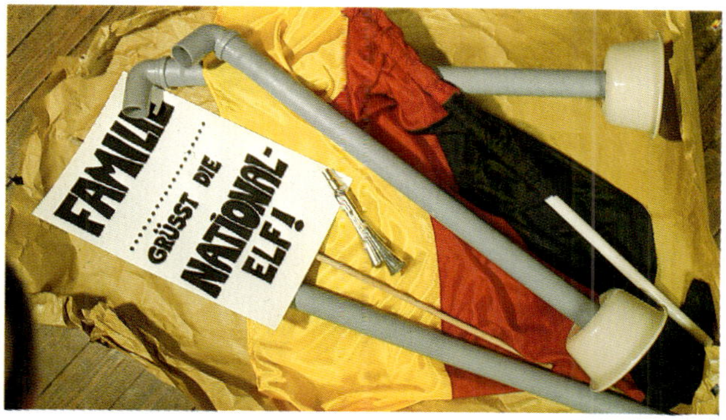

Oft freut man sich auf ein schönes Länderspiel, hat auch einen prima Überblick und ist mit dem Herzen dabei und trotzdem . . . die richtige Bombenstimmung will nicht aufkommen.
Hier fehlt eine Fan-TV-Ausrüstung – bestehend aus Stehplatzständer, Fahne, Tute und Grußplakat, in das nur noch der Name eingetragen werden muß, damit's auch zuhause mal wieder richtig zur Sache geht.

# Gourmet-Schlips

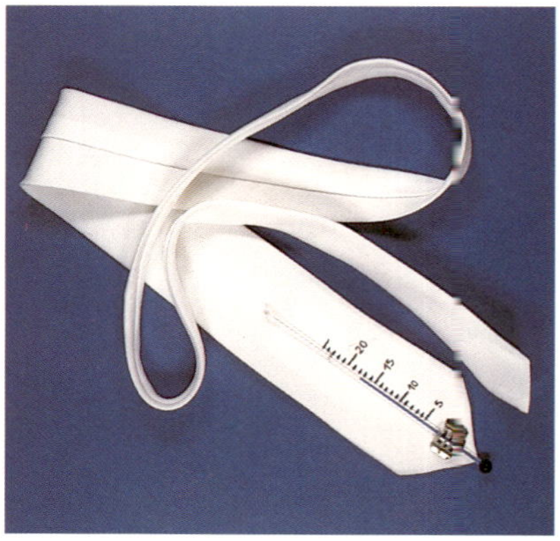

Ordert man in einem Lokal eine gute Flasche Wein, möchte man auch sicher sein, daß sie die richtige Temperatur hat . . . Aber wer hat sein Weinthermometer schon immer dabei? Da ist gut dran, wer Dr. Duttenhofers Gourmet-Binder mit eingelassenem Weinthermometer trägt: Kommt der edle Rebensaft auf den Tisch, braucht der Schlips nur unauffällig in das Glas gehängt zu werden, und in Sekundenschnelle ist man im Bilde, ob alles seine Richtigkeit hat.

## Zweiunddreißigster Tip

# Sicherheit zur Weihnachtszeit

Peinlich kann es werden, wenn man in den geschäftigen Dezembertagen gegen den Adventskranz läuft und plötzlich die selbstgebackenen Weihnachtskekse in Flammen stehen. Mit diesem Sicherheits-Adventskranzständer ist man sofort wieder Herr der Lage.

# Wenn's um die Wurst geht . . .

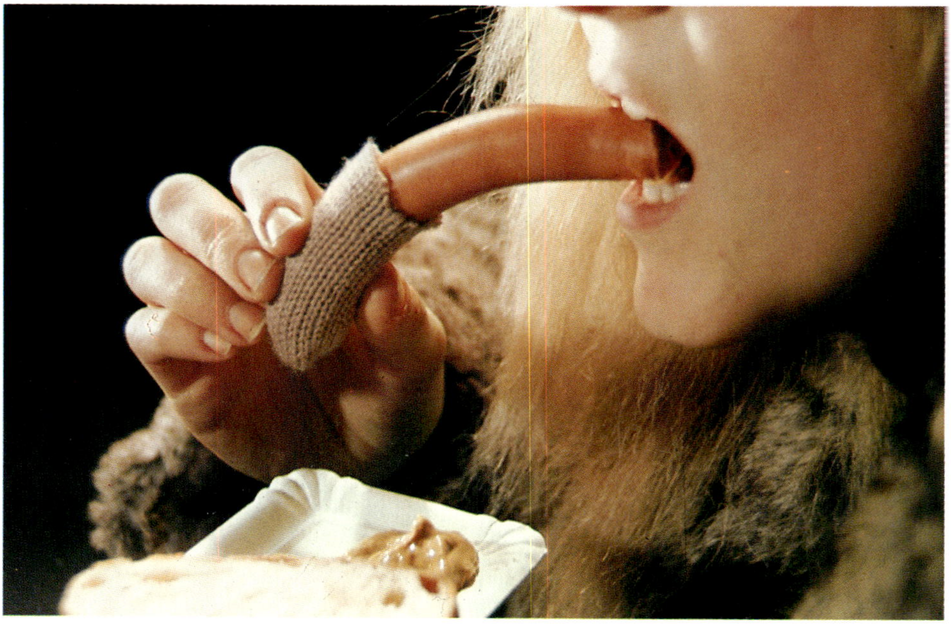

Passiert Ihnen das auch ständig . . .
der erste Bissen ist noch schön heiß,
aber das Ende der Wurst ist meist
nur noch lauwarm und labberig, bis man sich zu ihm
durchgemampft hat? Der heiße Tip:
Verwenden Sie einen Wurstendenwärmer.

# Für Fotoprofis . . .

Pustekuchen ist es mit dem schönsten Schnappschuß, wenn die mit der Kamera anvisierte Person merkt, daß sie fotografiert werden soll und neugierig in die Linse starrt. Routinierte Fotoprofis vermeiden das, indem sie einen Wirsing aushöhlen, in dessen eine Hälfte sie dann ein Loch für das Objektiv schneiden.
Niemand wird vermuten, daß er fotografiert wird, wenn Sie jetzt unauffällig den Kohlkopf in Anschlag bringen.

# Der praktische Aufsatz

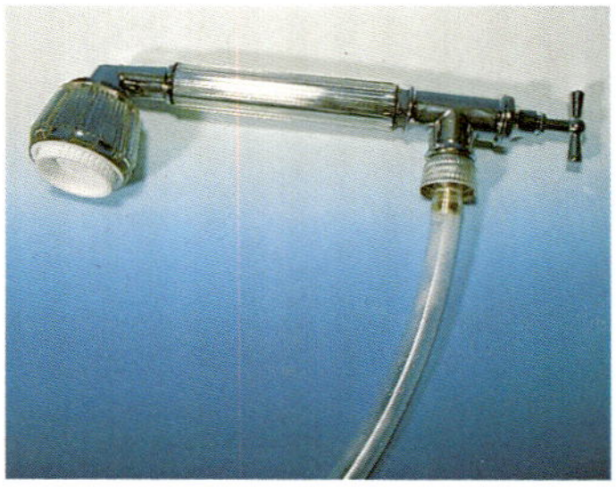

Reisende, die viel unterwegs sind, werden in den Sommermonaten den handlichen Reisedusche-Aufsatz schätzen und lieben lernen: auf eine handelsübliche Mineralwasserflasche aufschrauben, ein paar Mal kräftig schütteln, den Hahn aufdrehen und prompt ist man wieder höllisch erfrischt und guter Dinge.

## Sechsunddreißigster Tip

# Heißer Tip für kalte Tage

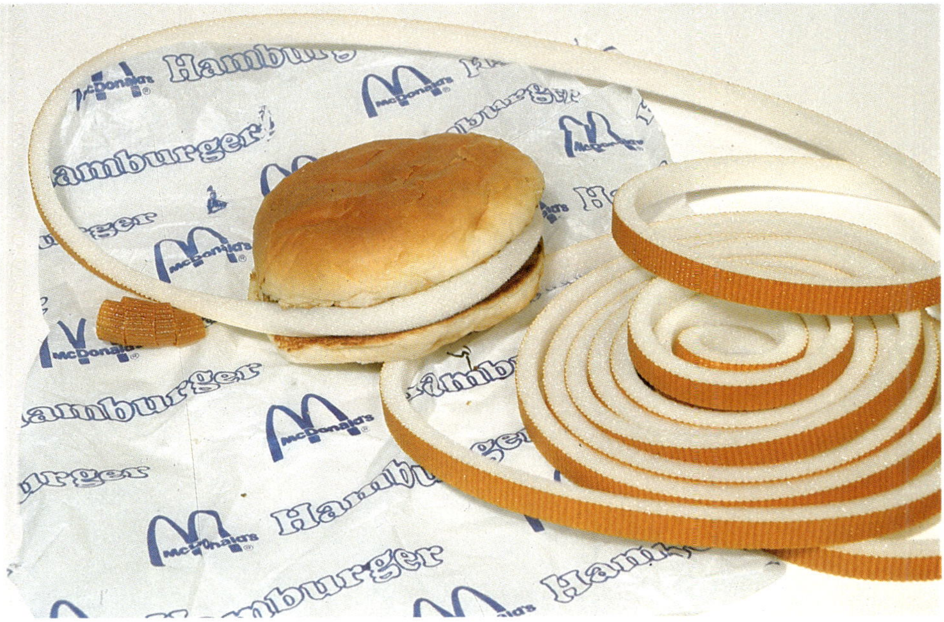


Richtig ärgerlich ist das immer:
Beim Einpacken ist der Hackfleischklops auf Ihrem Hamburger noch lecker warm . . . wenn Sie ihn in der Frühstückspause auspacken, ist das Ding kalt und schmeckt erst recht nicht mehr. Logo – die Wärme entweicht durch die undichte Ritze zwischen den Brötchenhälften. Erfahrene Feinschmecker dichten die kritische Stelle bis zum Verzehr mit Tesamoll ab.

# Der Schlemmer-Bucheinband

So war es doch meistens . . .
an besonders spannenden Stellen langte man nach seinem Glas oder seinem Knabberschälchen, ohne den Blick aus dem Buch zu nehmen und – schwupp – war der Tequila über die Katze gekippt, und die Erdnüsse landeten auf der Auslegeware. Die ideale Lösung: Bücher aus der von Frau Dr. Barbara Rummelsberger herausgegebenen Schlemmer-Reihe des Lappan Verlages mit integrierten Glashaltern.

## Achtunddreißigster Tip

# Nudeltricks

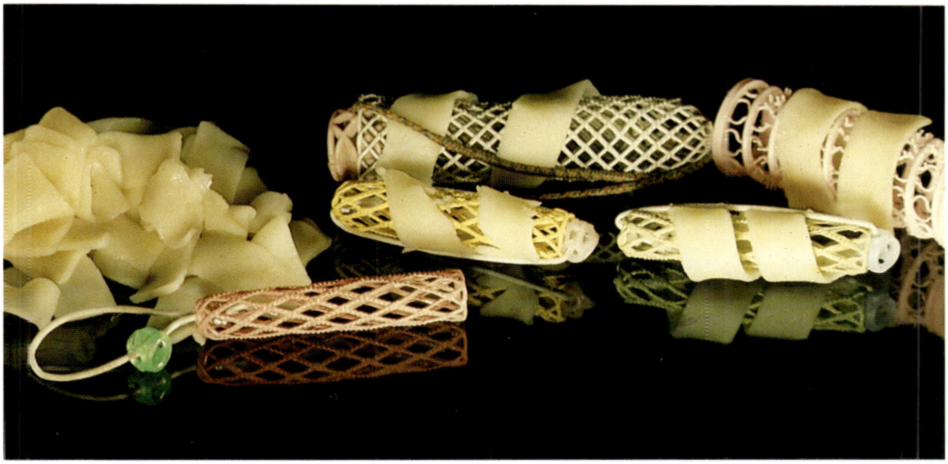

Sucht man mal für eine stramme Hühnersuppe nach Bandnudeln und findet im Küchenschrank nur Spiral- oder Zopfnudeln, so ist das kein Problem: Man bügelt sie nach dem Kochen kurz über.

Umgekehrt ist's schon schwieriger. Gewiefte Hausmänner haben für solche Fälle immer einen Satz Nudelwickler in der Schublade.

## Neununddreißigster Tip

# Vom Fischfang

Toll ist das schon, wenn man am Lagerfeuer sitzt und einen selbstgefangenen Fisch braten kann. Viele müssen auf diese Freude verzichten, weil sie die hohen Anschaffungs kosten für eine Angelausrüstung scheuen. Preiswert wird es so: Streuen Sie an Ihrer Angelstelle etwas Fischfutter ins Wasser und harren Sie mit einem aufgeklappten Campingstühlchen, bis ein Fisch nach dem Futter schnappt. Im rechten Moment klappen Sie dann Ihr Fanggerät zusammen und schon haben Sie eine zünftige Mahlzeit.

**Vierzigster Tip**

# Wenn der Winter kommt . . .

Tun Sie eigentlich was für Ihre Gesundheit?
„Das Bier halt kalt, die Ohren warm –
das macht den dicksten Doktor arm!“

Diese alte Regel gilt noch heute, und mit dem Bier haben wir das ja auch schon voll im Griff. Aber tun Sie auch mal was für Ihre Ohren: mit einer Wärmflaschenbrille zum Beispiel . . .

## Einundvierzigster Tip

# Für die Katz

Trifft sich die Familie allabendlich vor dem Fernseher, fühlt sich die Hauskatze ausgeschlossen:
Krimis, Opern, Fußball . . . katzenunfreundlicher kann ein Programm wohl kaum sein. Das muß nicht sein!
Besorgen Sie ein altes TV-Gehäuse und verpassen Sie der Bildschirmöffnung ein Stück Drahtgeflecht.
Wenn Sie jetzt ein Papageienpaar einquartieren
(Zebrafinken, Goldhamster etc. tun es auch)
und das Ganze neben Ihrem Fernseher aufbauen, wird Ihre Katze freudig und aufmerksam an Ihren Fernsehabenden teilhaben können.

# Kleine grüne Männchen

Unsere kleinen Gartenzwerge. Verzichten möchte man ja auch nicht darauf – wenn nur nicht der Nachbar dauernd spöttisch über den Gartenzaun äugen und ein ums andere Mal was wie „Alte Spießer" murmeln würde. Unser Tip: sprühen Sie Ihre Zwerge grün an, dann fallen sie nicht so unangenehm auf.

# Dr. Schroers Rucksackspülung

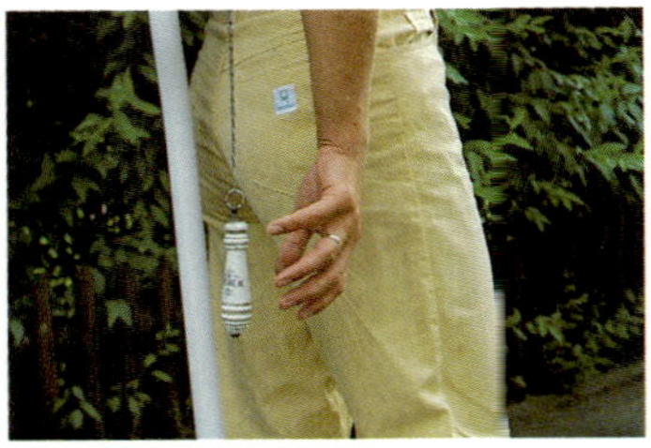

Unter Umständen kann es dem wohlerzogenen Hund passieren, daß gewisse Dinge mal auf dem Gehweg landen, wo sie, wie man weiß, eigentlich nicht hingehören. Umweltbewußte Hundebesitzer tragen vorausschauend Dr. Schroers Rucksackspülung mit sich: Verfehlt der Hund in der Eile mal den Rinnstein, reicht ein kleiner diskreter Handgriff, und der Bürgersteig ist sofort wieder blitzsauber!!

# Der Spiegelhammer

Unzählige Daumen werden Tag für Tag vom Hammer erwischt. Haben Sie eigentlich schon mal darüber nachgedacht, woran es eigentlich liegt, daß man sich ständig auf den Daumen kloppt? Genaugenommen ist es ganz simpel: Man sieht nicht, wo man hinschlägt. Besitzt man aber einen Hammer mit Außenspiegel, hat man den leidigen Nagel gut im Blick und verwechselt ihn nicht mehr so leicht mit dem Daumen.

# Aber bitte mit Sahne!

Von allen Seiten hört man seit Jahren die düsteren Prognosen . . . wenn wir so weitermachen, geht hier bald das Licht aus. Wer dann noch einen Schlag Sahne auf seinen Pudding haben möchte, der sollte sich vielleicht schon jetzt sicherheitshalber einen Sahnequirl mit Suchscheinwerfer besorgen.

# Kuchenaufschneiden leichtgemacht

Versammelt sich die sonntäglichen Kaffeerunde
und ist vielleicht auch noch Besuch da,
hat man alle Hände voll zu tun.
Wenn's dann ein bißchen fix gehen soll:
Eine Menge Zeit beim Kuchenaufschneiden sparen Sie sich, wenn unter dem Tisch ein ausgedientes Speichenrad bereitgehalten wird. Einfach über den Kuchen stülpen und
in Nullkommanix ist das gute Stück zerteilt. Und Streit um zu große oder zu kleine Stücke gibt's auch nicht mehr . . .

# Wie weit ist es bis . . . ?

Wer seine Urlaubsreise mit mit dem Auto plant, möchte schon mal wissen, wie lang denn die Strecke eigentlich genau ist. Auch ohne teures Meßgerät geht das: Sie schütten auf der Landkarte entlang Ihrer Reiseroute Salz oder Gries (Zucker geht zur Not auch). Wenn Sie Ihre Strecke abgestreut haben, geben Sie das Salz in ein Täßchen und legen es dann in schönen Bahnen neben Ihr Meßband. Noch ein bißchen gerechnet, und die Sache ist gelaufen.

# Wir drehen durch!

Wenn man den Umfragen Glauben schenken kann, heben 85% aller Haushalte das Lametta vom Vorjahr hübsch gebügelt und gefaltet für das kommende Fest auf. Und 67% finden es dann am Heiligen Abend nicht wieder, wenn es gebraucht wird. Die kluge Hausfrau greift dann zu ihrem Lamettawolf und dreht eine Rolle Alufolie durch.

# Endlich Schluß mit kalten Füßen

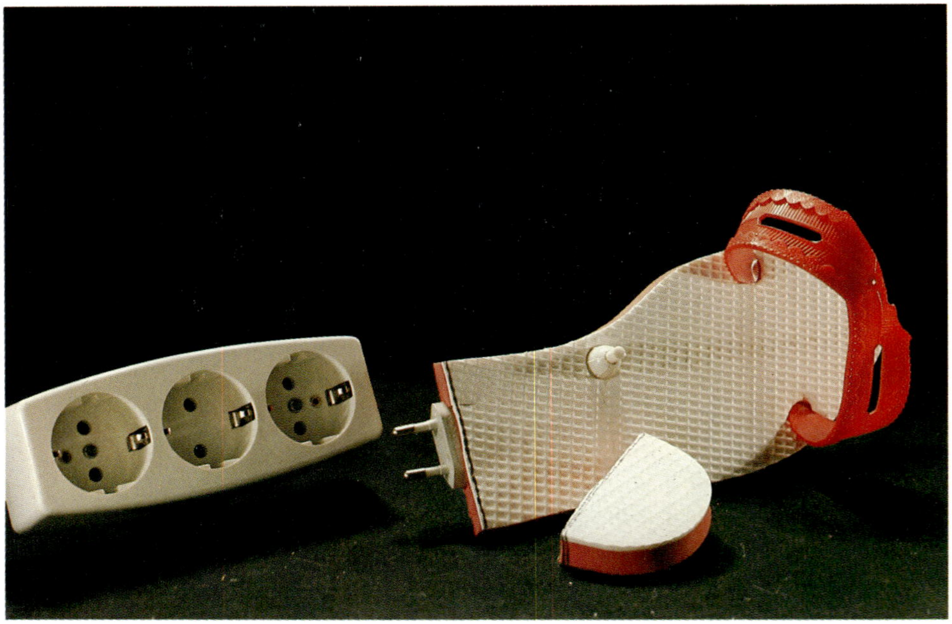

Wahnsinnig praktisch auf kalten Badezimmerfliesen oder in der Vorsaison an klammen Stränden: wiederaufladbare Badelatschen mit Sohlenheizung. Beim Reinsteigen betätigen Sie automatisch den Einschalter. (Auch als Reisebügeleisen verwendbar.)

# Nachgedacht – selbstgemacht!

Zu dem wichtigsten Zubehör des engagierten Fotoamateurs gehört ein Fernauslöser, um beispielsweise auch mal scheue Tiere der Heimat aus sicherer Entfernung ablichten zu können.
Mit wenigen Handgriffen können Sie ein solches Teil mühelos selber bauen.
Achten Sie aber bei der Wahl des Hämmerchens auf angemessene Proportionen, sonst brauchen Sie nach jeder Aufnahme eine neue Kamera!

# Für Strandläufer

Zeitunglesen am Strand wird zu einer flatternden Katastrophe, sobald der Wind auffrischt. Erfahrene Strandgänger weichen schon am Vorabend ihre Zeitung im Waschbecken ein und geben ein bis zwei Fläschchen flüssige Wäschestärke hinzu. Über Nacht tropfnaß aufhängen . . . und am nächsten Tag können Sie Ihre Zeitung mit einer Hand halten und mit der anderen die Strandnachbarn abwehren, die neidisch um Sie herumschleichen.

## Zweiundfünfzigster Tip

# Heizsattel

Zieht der Herbst ins Land, werden die Tage kürzer und die Gesichter der Radfahrer länger: Nässe und Kälte beginnen die Freude am Radeln empfindlich zu trüben.
Wer in diesen Tagen trotzdem warm sitzen möchte, greift zu Dr. Feuersteins Heizsattel mit stufenlos einstellbarem Temperaturregler und Edelstahl-Komfort-Sitzplatte.

## Dreiundfünfzigster Tip

# Tschüß!

Zu einem richtig schönen Abschied gehört nun einmal, daß die Lieben am Bahnsteig stehen und mit irgendwelchen nicht mehr ganz sauberen Tüchern hinter einem herfuchteln, bis der Zug außer Sichtweite ist, und man erleichtert den Speisewagen aufsuchen kann. Leider ist dieser schöne Moment vielen verwehrt . . . sei es, daß die Angehörigen nicht abkömmlich sind, oder daß es sich bei den Abreisenden um Singles handelt . . .
Die Bundesbahn hat jetzt auf zahlreichen Bahnhöfen Wink-Automaten installiert, die bei Einwurf von 1 Mark diesem traurigen Zustand abhelfen.
Gute Reise!

# Vierundfünfzigster Tip

## Die Bücher von Uli Stein

...mit viel Farbe ausgestattet und einem festen Einband versehen: wunderbare Geschenke, die man sich auch selber gönnen sollte. Vervollständigen Sie Ihre **Uli-Stein-**Buchsammlung! Ihr Buchhändler hilft Ihnen gern dabei.

**Fordern Sie unseren Prospekt an:**

**LAPPAN** *Ihr Verlag*

**Postfach 3407 • 26024 Oldenburg**